Biografía

Pregunta esencial

¿Qué impacto tienen nuestras acciones en el mundo?

Marjory Stoneman Douglas

PROTECTORA DE LOS EVERGLADES

JANE KELLEY

Introducción

¿Qué ves cuando miras esta fotografía de los Everglades? ¿Solamente ves mucha hierba? Los primeros colonos ingleses llamaron a esta área del sur de Florida los “Everglades” por las palabras en inglés *glades*, que quiere decir **claros**, y *ever*, porque parecían extenderse interminablemente al igual que el agua que corre a lo largo de la región. El suelo es muy húmedo para cultivar o construir. Muchas personas miran este paisaje y solo ven un pantano inútil.

La escritora y **ambientalista** Marjory Stoneman Douglas tenía una perspectiva diferente. Apreciaba lo diferentes que eran los Everglades de cualquier otro lugar. Escribió: “Son únicos… en su simplicidad, diversidad y en la armonía de las formas de vida que encierran”.

También describió la belleza de los Everglades: “El milagro de la luz se vierte sobre la extensión verde y marrón de hierba y de agua, que pasa debajo lenta y centelleante; esa hierba y agua que son el significado y el hecho central de los Everglades de Florida”.

MedioImages/PunchStock

Esta área de hierba en el Parque Nacional de los Everglades es conocida como una pradera de agua dulce.

CAPÍTULO UNO

Sus primeros años

Los escritos de Marjory Stoneman Douglas sobre los Everglades influirían en el pensamiento de muchas personas. ¿Cómo terminó Douglas escribiendo acerca de los Everglades? Nunca pasó mucho tiempo en la naturaleza, es más, ni siquiera era de Florida, aunque tenía recuerdos felices del viaje que hizo a Tampa cuando era niña. El cálido sol de Florida debió parecerle maravilloso a esta niña del norte.

Marjory pasó la mayor parte de su niñez con su familia materna en Massachusetts y no en su Minneapolis natal, donde nació el 7 de abril de 1890. Marjory pasaba largas horas en las bibliotecas, donde le encantaba descubrir cosas en los libros. Leía todo lo que caía en sus manos. No lo sabía en ese momento, pero estaba adquiriendo habilidades investigativas que le resultarían muy útiles cuando fuera escritora.

Esta fotografía fue tomada cuando Marjory tenía un año y medio.

En 1908, Marjory comenzó a estudiar en Wellesley College. Se sentía muy feliz de estar con otras mujeres jóvenes tan interesadas como ella en los libros. En su último año, fue editora del anuario de la universidad. Fue elegida oradora de la clase porque era muy buena dando discursos.

Marjory estudió en Wellesley College, en las afueras de Boston, Massachusetts.

Después de graduarse en 1912, Marjory no sabía qué haría después. En ese tiempo, no se alentaba a las mujeres a seguir una carrera. Marjory no consideraba que tendría éxito como escritora, así que aceptó un trabajo en una tienda por departamentos en Newark, Nueva Jersey. Allí les enseñaba gramática básica y matemáticas a los vendedores.

Estuvo casada menos de dos años con Kenneth Douglas. Cuando terminó su matrimonio en 1915, se mudó a Miami, Florida, donde vivía su padre.

El padre de Douglas, Frank Stoneman, era el editor en jefe del periódico *The Miami Herald*. Contrató a su hija para que escribiera la columna de sociales. Ella estaba muy emocionada con la idea de escribir. Dijo que había descubierto lo que quería hacer. Su padre le habló de su entusiasmo por preservar los vecindarios más antiguos de Miami y un área al oeste de la ciudad, llamada los Everglades.

El padre de Douglas, Frank Stoneman, la contrató como escritora del periódico.

Douglas amaba su trabajo en el *Herald*. Sin embargo, cuando comenzó la Primera Guerra Mundial, se unió a la Cruz Roja. La Cruz Roja necesitaba más personal y voluntarios para aliviar el sufrimiento causado por la guerra. Muchas mujeres se unieron a estos trabajos. Desde Europa, Douglas escribió acerca de la labor que cumplía la Cruz Roja y alentó a la población para que apoyara los esfuerzos de la organización. También observó la difícil situación de los refugiados, quienes debieron abandonar sus hogares después de la guerra; desde ese entonces se mostró siempre comprensiva con las personas en dificultades.

La Primera Guerra Mundial terminó en 1918. Cuando Douglas regresó a Miami en 1920, encontró que la población de la ciudad se había cuadruplicado. La ciudad buscaba expandirse. Mucha de la tierra cercana a Miami formaba parte de los Everglades. Sin embargo, la mayoría de los **constructores inmobiliarios** no pensó en los animales nativos, como cocodrilos y garzas, ni en las plantas, como manglares y juncos de agua, que vivían allí. Así que cavaron canales para drenar las **zonas pantanosas**.

Douglas se convirtió en editora asistente del *Herald*. Su columna semanal, llamada La Galera, se encargaba de los temas importantes del momento. Sus experiencias durante la guerra la hicieron sensible a la importancia de una vida en condiciones decentes. Escribió sobre los derechos de las mujeres porque en ese tiempo las mujeres presionaban por el derecho a votar. También insistió en que los Everglades se convirtieran en parque nacional, porque así el área sería protegida.

Drenar los pantanos afecta a los animales y plantas que viven allí.

CAPÍTULO DOS

Un río de hierba

Douglas trabajaba mucho editando el periódico y escribiendo su columna. También inició **campañas** en favor de las personas necesitadas, por ejemplo, suministrando leche a las familias pobres de Miami. Trabajar por estas causas además del estrés por cumplir con los plazos de entrega del periódico la agotaron.

Esta deslumbrante ave es una gran garza blanca, fotografiada en los Everglades.

En 1924 dejó el periódico y se dedicó a escribir relatos breves, que vendía a las revistas. Sin embargo, nunca olvidó los temas sociales, tan importantes para ella. Por ejemplo, su relato “Penachos” contaba cómo la moda de las plumas en los sombreros de las mujeres condujo a cazar aves de los Everglades, como las garzas.

Aunque algunos de sus relatos ganaron premios, Douglas no siempre lograba vender sus trabajos y, en ocasiones, le fue duro ganarse la vida. En 1941 su amigo Hervey Allen le preguntó si estaría interesada en escribir un libro acerca del río Miami.

Hervey Allen editaba una serie de libros sobre ríos importantes. Douglas no consideraba que el río Miami fuera tan importante como para formar parte de la serie. En su lugar, sugirió escribir un libro sobre los Everglades. Allen no menospreció la idea, pues estuvo de acuerdo.

Comenzó a trabajar de inmediato. Sus habilidades como reportera le resultaron útiles cuando hizo las entrevistas para saber más sobre la región. Quería cubrir temas variados, desde la historia de los seminolas, los indígenas americanos que vivieron en los Everglades, hasta cómo la **geología** del área la convirtió en un lugar único.

Este hombre seminola rema en su piragua a través de los Everglades en 1921.

Estaba hablando con un **hidrólogo** cuando se le ocurrió una frase que cambió la opinión de muchas personas respecto a los Everglades. Dijo que veía a los Everglades no como un pantano estancado sino como un brillante "río de hierba".

En su libro, los describió como un lugar único en el mundo:

> No existen otros Everglades en el mundo. Ellos son… una de esas regiones únicas en la Tierra, remotas, nunca conocidas por completo. Nada en alguna otra parte se parece a ellos; su enorme y brillante amplitud, más abierta que el inmenso horizonte visible; la fuerza libre salina y dulce de sus fuertes vientos, bajo las deslumbrantes alturas azules del espacio.

Detective del lenguaje Busca la palabra compuesta en la oración subrayada.

¿Qué hace a los Everglades únicos? Mira el gran lago en el centro del mapa de esta página. El agua desborda la cuenca del lago y corre hacia el sur, a través de un lecho de piedra caliza, donde crecen los juncos de agua. Esta clase de curso de agua no se encuentra en ninguna otra parte del mundo.

Douglas estaba en lo cierto: los Everglades son realmente un río de hierba, salpicado de islas con un suelo ligeramente elevado cubierto por arbustos y árboles.

EL ECOSISTEMA

Los Everglades tienen muchos hábitats. Cada hábitat es el hogar de un grupo de seres vivos que interactúan entre ellos y con el medioambiente, formando el ecosistema de los Everglades.

Cada hábitat suministra las condiciones adecuadas para que estos seres vivos sobrevivan. Si la temperatura no es la adecuada o si no hay suficiente comida o agua, entonces el ecosistema colapsaría.

CURSO DEL AGUA EN LOS EVERGLADES

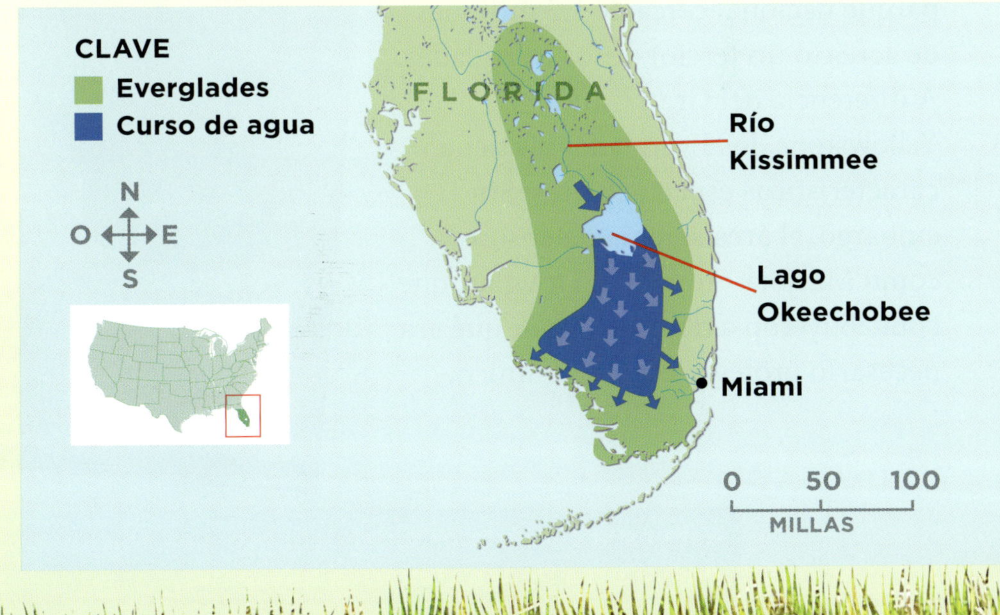

(bc) Mountain High Maps/Digital Wisdom, (b) Wetzel and Company/Janice McDonald

CAPÍTULO TRES

En la lucha

Los Everglades: un río de hierba fue publicado en noviembre de 1947. Douglas tenía 57 años. La primera impresión de 7,500 copias se agotó en un mes. Los lectores valoraron la belleza de las descripciones y sus explicaciones acerca de la forma como estaban conectados los habitantes con este lugar tan especial. El "río de hierba" no solo alimentaba a animales y plantas, sino también suministraba agua a las personas. Si los Everglades se drenaran, entonces el agua no llegaría a los **acuíferos**, bajo los juncos. El sur de Florida se convertiría en un desierto subtropical.

Un mes después de que el libro se publicara, Douglas asistió a una ceremonia a orillas de los Everglades. El presidente Truman reservó como parque nacional cerca de 1.5 millones de acres (o un tercio) de los Everglades. A diferencia del Gran Cañón o Yellowstone, los Everglades no tienen características espectaculares. Sin embargo, el área sí tenía defensores, como Marjory Stoneman Douglas, que contribuyeron a demostrar por qué era necesario proteger este lugar único.

Esta es la cubierta original del libro. Las ediciones posteriores tienen cubiertas diferentes.

Aunque Douglas admiraba los Everglades, no los consideraba un lugar acogedor. Tal como decía: "Ser amigo de los Everglades no significa necesariamente tener que pasar tiempo paseando entre ellos… están llenos de insectos, son demasiado húmedos, en general, inhóspitos".

A pesar del éxito de su libro y de la creación del parque nacional, Douglas no dejó de trabajar. Escribió otros libros de no ficción sobre Florida, incluidos dos para lectores jóvenes: *Río Libertad* y *La aventura del cocodrilo*.

Con frecuencia le pedían que hablara sobre su libro más famoso. Aunque una parte de los Everglades estaba protegida, el resto aún corría peligro. Los dueños de las plantaciones de azúcar querían controlar el agua para poder sembrar más caña de azúcar. El Cuerpo de **Ingenieros** del Ejército cavó canales para drenar el agua de los pantanos. Los constructores querían más tierra seca para construir casas destinadas a la creciente población de Miami.

Douglas desempeñó un papel fundamental en la preservación de los Everglades de Florida.

Orlando Sentinel/Tribune News Service/Getty Images, (b) Wetzel and Company/Janice McDonald

En 1969, un grupo planeaba la construcción de un aeropuerto en los Everglades. Joe Browder, un antiguo reportero de televisión y ambientalista le pidió ayuda a Douglas para detener el proyecto del aeropuerto de seis pistas. Ella fundó la organización Amigos de los Everglades y habló en contra del proyecto a todo aquel que quería escucharla, e incluso a quienes no querían escucharla. Su reputación como protectora de los Everglades obligó a la gente a prestarle atención.

El aeropuerto no se construyó. Pero había problemas con el agua. Douglas dijo que era necesario restaurar los Everglades. Presionó para obligar a los contaminadores a limpiar el agua y a deshacerse de los canales que desviaban el agua del área.

PROTECCIÓN DE OTRAS ZONAS PANTANOSAS

Habitantes de todo el mundo están descubriendo que hay que proteger los lugares especiales de sus comunidades. En 1990, Rosa Hilda Ramos formó el grupo Comunidades Unidas Contra la Contaminación, en San Juan, la capital de Puerto Rico, para alertar sobre la contaminación y sus efectos.

El grupo presionó para que las compañías limpiaran la contaminación y pagaran multas. Con el dinero compraron la ciénaga Las Cucharillas. Este pantano no solo es una barrera contra las inundaciones, sino también es un santuario para las aves y los habitantes locales.

Esta ave busca alimento en la ciénaga Las Cucharillas, Puerto Rico.

Los años pasaron. Douglas envejeció, pero nunca perdió su espíritu de lucha. A principios de los años ochenta, se pronunció cuando los constructores amenazaron de nuevo los Everglades.

En ese momento tenía 90 años de edad y su visión era escasa, pero ella seguía teniendo una fuerza extraordinaria. Sam Poole, director ejecutivo del Distrito de Administración del Agua del Sur de Florida, dijo: "Ella se mantuvo firme. Era una multitud hostil. Ella era muy pequeña pero dejó una huella gigante en los Everglades. Una persona pequeña puede hacer un aporte enorme".

Douglas recibió muchos premios, incluida la Medalla de la Libertad. Se la otorgaron porque "aumentó el respeto de nuestra nación hacia su maravilloso medioambiente, al recordarnos a todos el delicado equilibrio de la naturaleza".

En 1993, el presidente Clinton otorgó a Douglas la Medalla de la Libertad.

Douglas luchó con fuerza para preservar la variedad de plantas y animales que se encuentran en los Everglades.

Conclusión

La Ley Everglades Forever (los Everglades para siempre) fue aprobada por la legislatura de Florida en 1994. Su propósito era preservar y restaurar la calidad del agua necesaria para las plantas y los animales del lugar.

Douglas sabía que esas leyes no eran suficientes para protegerlos. También era necesario el apoyo de las personas. <u>Veintiún</u> años después de fundar Amigos de los Everglades, trabajó con la asociación Amigos Jóvenes de los Everglades. "Lleven a los niños a los Everglades y permitan que aprendan", declaró Douglas. "La educación será el único camino para salvar los Everglades. ¡Explíquenles que los Everglades aún no están a salvo! ¡Los niños son nuestro futuro, y sin su ayuda no podremos salvar los Everglades!".

En 1997, 1.3 millones de acres de los Everglades se llamaron oficialmente Refugio natural Marjory Stoneman Douglas. Un año después, a la edad de 108 años, Douglas murió. Sus libros y su vida siguen inspirando a quienes quieren cambiar el mundo.

Detective del lenguaje La palabra subrayada es una palabra compuesta. Di cuáles palabras la componen.

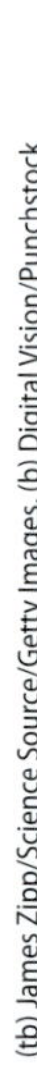

Resumir

Usa los detalles más importantes del texto para resumir la biografía de Marjory Stoneman Douglas. Usa el organizador gráfico como ayuda.

Problema	Solución

Evidencia en el texto

1. ¿Cómo sabes que este texto es una biografía? Da ejemplos del texto para sustentar tu respuesta. **GÉNERO**

2. En la página 10, ¿por qué Douglas creía que drenar las zonas pantanosas era un problema? ¿Cuál era la solución que proponía? **PROBLEMA Y SOLUCIÓN**

3. ¿Cuál es el significado de *inhóspitos* en la página 11? Emplea claves en el párrafo para saberlo, y también busca un antónimo cercano que te ayude a averiguar el significado. **SINÓNIMOS Y ANTÓNIMOS**

4. Usa ejemplos del texto para escribir acerca de cómo ayudó Douglas a los Everglades y a los habitantes de Florida. Da ejemplos de los problemas que enfrentó y las acciones que tomó para resolverlos. **ESCRIBIR SOBRE LA LECTURA**

Género **Texto expositivo**

Compara los textos

Lee acerca de una estudiante que decidió plantar árboles para hacer un aporte.

Las mosqueteras del árbol

En 1987 hubo una sequía en California. Tara Church tenía ocho años en ese momento y su grupo de exploradoras planeaba ir a acampar. Su mamá las puso a elegir entre platos de papel o metálicos. Si llevaban platos de papel, ahorrarían agua porque esos platos no necesitaban lavarse. Sin embargo, el papel se obtiene de los árboles. Si usaban platos metálicos salvarían árboles. Las chicas debatieron acerca de los platos que usarían y decidieron que querían plantar más árboles.

Los platos metálicos salvan árboles. Los campistas también hacen menos basura al reutilizar sus utensilios, como este plegable con tenedor y cuchara.

(bkgd) Keith Levit/Design Pics, (br) JoeFox/Alamy Stock Photo

Los árboles son un recurso importante. Sus raíces previenen que el suelo sea arrastrado. Los árboles también producen oxígeno y limpian el aire. Además proveen alimento y ofrecen refugio a otros seres vivos. Las hojas suministran sombra, lo cual reduce la temperatura, y así las personas no necesitan utilizar tanto el aire acondicionado. Esto es especialmente importante en las ciudades.

Tara y sus amigas obtuvieron permiso para plantar su primer árbol en una propiedad pública, en la avenida Imperial, en El Segundo, California. Lo llamaron Marcie, el Árbol Maravilloso. Después de plantar el árbol, las niñas se sentaron alrededor del tronco y hablaron sobre lo que harían después.

Plantaron más árboles y persuadieron a otros grupos de exploradores para que hicieran lo mismo. El nombre de su grupo fue Las mosqueteras del árbol, en honor a los héroes del libro *Los tres mosqueteros*.

Su organización creció. A la gente le gustaba este grupo porque estaba dirigido por niños que enseñaban a otros chicos cómo ayudar al medioambiente. Los niños aprendieron a plantar árboles, cómo cuidarlos y cómo atraer a más chicos para que formaran parte del grupo.

En 1988, Las mosqueteras del árbol viajaron a Washington, D. C., donde recibieron un premio para jóvenes ambientalistas.

El trabajo de Las mosqueteras del árbol estaba listo para exportarse internacionalmente. El grupo comenzó a intercambiar ideas con grupos de todo el mundo. Hoy, Tara y sus amigas son demasiado mayores para seguir siendo miembros regulares de Las mosqueteras del árbol. Sin embargo, gracias a sus esfuerzos, hay muchos más niños que trabajan a favor del medioambiente.

El grupo tiene proyectos como Uno en un millón, un programa de plantación de árboles, y Compañeros del Planeta, que alienta a los niños de todo el mundo a trabajar por el medioambiente. Se han plantado árboles en países como Kenia y Rumania, y en todo Estados Unidos.

Marcie, el Árbol Maravilloso, mide hoy más de 50 pies de altura. Sigue contribuyendo a refrescar la ciudad y limpiar el aire, e inspira a toda una nueva generación de niños a aportar su grano de arena.

Plantar árboles es una forma fácil para que los niños ayuden al medioambiente en sus comunidades.

(bkgd) Keith Levit/Design Pics, (br) liquidlibrary/Getty Images Plus/Getty Images

Haz conexiones

¿Por qué consideras que las ideas de Tara se han extendido alrededor del mundo? **PREGUNTA ESENCIAL**

Compara a Marjory Stone Douglas, protectora de los Everglades con Tara Church, una de las mosqueteras del árbol. ¿En qué se parecen? ¿En qué se diferencian? **EL TEXTO Y OTROS TEXTOS**

Glosario

acuífero capa de suelo o roca que almacena o transporta agua ***(página 10)***

ambientalista persona que ayuda a cuidar y proteger el medioambiente ***(página 2)***

campaña acción organizada para producir un cambio ***(página 7)***

claro espacio de hierba sin árboles en medio de un bosque ***(página 2)***

constructor inmobiliario persona de negocios que construye casas u otras estructuras ***(página 6)***

geología estudio de las rocas y otros materiales que forman la Tierra ***(página 8)***

hidrólogo persona que estudia el movimiento, la ubicación y la calidad del agua ***(página 8)***

ingeniero persona que diseña y construye cosas ***(página 11)***

zona pantanosa área saturada de agua, como los pantanos, los humedales y las ciénagas ***(página 6)***

Índice

Enfoque:

Ciencias

Propósito Aprender acerca de las amenazas al medioambiente en donde vives y emprender acciones

Procedimiento

Paso 1 Con un compañero o una compañera, o en grupo, investiga sobre problemas en el medioambiente en tu comunidad, como enseñar a la gente a reciclar, limpiar un parque lleno de basura o detener la contaminación de un río o de un arroyo.

Paso 2 Elige uno de los problemas en el cual quisieras ayudar. Consulta con tu maestro o maestra para asegurarte de que no es algo peligroso. Identifica la causa o causas del problema. ¿Se ha hecho algo para resolver el problema? Si es así, ¿qué se ha hecho? Si no es así, sugiere algo que las personas podrían hacer para ayudar, como formar grupos para recoger la basura.

Paso 3 Con ayuda de tu maestro y otros adultos, planea un día de trabajo en el sitio. ¿Qué implementos necesitarás? ¿Qué clase de ayuda necesitarás? ¿Cómo harás que las personas de tu comunidad sepan lo que estás haciendo?

Paso 4 Cuando hayas hecho tu trabajo del día, explícaselo a la clase. ¿Qué hiciste? ¿Fueron buenos tus planes?

Conclusión ¿Cómo mejoró el entorno con tus acciones? ¿Qué otras cosas es necesario hacer?